KOMPAKT-WISSEN DEUTSCH

Birgit Schillinger

Rechtschreibung

STARK

ISBN 978-3-89449-683-8

www.stark-verlag.de
1. Auflage 2004

Inhalt

Fortsetzung siehe nächste Seite

Autorin: Birgit Schillinger

Vorwort

Liebe Schülerinnen, liebe Schüler,

korrektes Schreiben ist nicht nur in der Schule wichtig, sondern hat auch in unserer Gesellschaft einen hohen Stellenwert. Dies zeigt nicht zuletzt die anhaltende Diskussion um die Rechtschreibreform. Das vorliegende Buch richtet sich nach der **neu überarbeiteten, ab 1. August 2006 gültigen deutschen Rechtschreibung**. Es erklärt in kurzer und prägnanter Weise die wichtigsten Regeln und ist so eine Orientierungshilfe beim Umgang mit der deutschen Sprache innerhalb und außerhalb des Unterrichts.

Der Band behandelt zunächst **umfassende Themen** wie die Groß- und Kleinschreibung und die Getrennt- und Zusammenschreibung. Daran schließen sich die Satzzeichenregeln, die Regeln zur Schreibweise von einzelnen Wörtern und Buchstaben sowie die Trennregeln an. Diese Inhalte sind in übersichtlicher und verständlicher Form dargestellt:

- Die Regeln stehen jeweils in der linken Spalte. Sie werden anhand von zahlreichen **Beispielen** in der rechten Spalte illustriert – so lassen sich die manchmal vielleicht kompliziert erscheinenden Formulierungen besser nachvollziehen. Man kann aber auch anhand der Beispiele nach der jeweils zugehörigen Regel suchen.
- Das **Glossar** im hinteren Teil des Buches erklärt die wichtigsten Fachbegriffe, die in den einzelnen Kapiteln vorkommen.
- Zum schnellen Nachschlagen gibt es dort außerdem eine **Liste mit Wörtern, die häufig falsch geschrieben werden**.
- Manche Regeln beziehen sich aufeinander – als Analogie, Ergänzung, Abgrenzung oder Ausnahme. Als zusätzliches Hilfsmittel haben wir daher **Verweise** eingeführt, die auf solche Bezüge zwischen den einzelnen Regeln hinweisen. Hierfür wurden zunächst alle Kapitel über das gesamte Buch hinweg durchnummeriert. Innerhalb der Kapitel hat wiederum jede Regel ihre eigene Verweisnummer am Rand. Jeder Verweis besteht also aus zwei Zahlen – der Kapitelnummer und der Regelnummer. So bezieht sich beispielsweise → 3/6 auf Kapitel 3 (Substantivierte Wörter), Regel Nummer 6 (Paarformel).

Ich wünsche Ihnen viel Erfolg mit diesem Buch.

Birgit Schillinger

Birgit Schillinger

Groß- und Kleinschreibung

1 Satzanfang, Überschrift, Anschrift

Das erste Wort in • einem Satz,	So beginnt dieser Satz. Er hatte Spaß. Wenn das Wetter besser ist, gehen wir los. Kommst du?	1
• einer Überschrift,	Der Roman beginnt mit dem Kapitel „Die Katastrophe“.	2
• einem Buchtitel,	Der letzte Mann	3
• einer Anschrift in einem Brief,	An die Firma XY	4
• einer Anrede in einem Brief schreibt man groß.	Lieber Gerd Sehr geehrte Damen und Herren	5
Insbesondere: Wenn nach einem Doppelpunkt ein vollständiger Satz folgt, schreibt man das erste Wort groß. → 20/2	Ich habe nur einen Wunsch: Er wird wieder gesund.	6
Das erste Wort eingeschobener Sätze richtet sich in der Groß- und Kleinschreibung nach der Wortart.	Du hast das – ich habe es mir gedacht! – schon wieder falsch gemacht. Ein Mann trat ein (war es der Nachbar?).	7

2 Substantive

Großschreibung

1 Substantive schreibt man im Allgemeinen groß.

Das Kind geht in die Schule.
Sie fährt Rad.
Sie fährt Auto.

Kleinschreibung

Falls der substantivische Charakter verloren gegangen ist, schreibt man folgende Wörter klein:

2
- Wörter mit angehängtem *-s*:

  Adverbien
  (z. B. *montags, abends, rechtens, anfangs, mangels, willens*)
  → 5/2

  Sie kam dienstags an.
  Ich gehe morgens aus dem Haus.
  Er ist willens zu arbeiten.

  Präpositionen
  (z. B. *angesichts, mangels, mittels, seitens*)

  Das ist angesichts leerer Haushaltskassen nicht möglich.

  Konjunktionen auf *-s*
  (z. B. *teils … teils*)

  Das Ergebnis war teils überraschend, teils enttäuschend.

3
- Folgende Präpositionen, die aus einem Substantiv entstanden sind, schreibt man klein:
  dank, trotz, laut, kraft

  Wir haben es dank eurer Hilfe gefunden.
  Das ist laut Schulordnung erlaubt.

4
- In Verbindung mit ***sein, bleiben*** **und *werden*** schreibt man klein, wenn das Substantiv den Charakter eines Adverbs oder Adjektivs hat: *angst, bange, feind, freund, gram, leid, pleite, recht, schuld, wert*

  Mir war angst und bange.
  Ich bin dieses Chaos leid.
  Mir ist das recht.
  Das ist es mir wert.

Beachte:

Du bist schuld. Du hast Schuld.

Sonderfälle: 5

- *Paar – paar*
  Schreibweise je nach Bedeutung

ein Paar Schuhe (= zwei Stück)
ein paar Personen (= einige)

- *recht – Recht*
  unrecht – Unrecht
  In Verbindung mit *behalten, bekommen, geben, haben, tun* ist sowohl Groß- als auch Kleinschreibung möglich.

Er hat recht / Recht.
Sie tun ihnen unrecht / Unrecht.

3 Substantivierte Wörter

Substantivierte Wörter schreibt man **groß**. 1

Substantivierungen erkennt man

- an einem **vorangestellten Artikel:** *das, ein …*

das Gehen
immer das Gleiche

- an **vorangestellten Pronomen:** *dieses, mein, nichts, alles …*

nichts Besonderes
Ich vernachlässige mein Singen.

- an einer **vorangestellten Präposition:** *beim, am, im, zum*

im Besonderen
zum Joggen gehen

- an der **Funktion als Satzglied.**

Ich finde, Lesen macht Spaß.

Substantivierte Adjektive

Großschreibung

Substantivierte Adjektive schreibt man groß.

alles Gute 2
im Allgemeinen
im Wesentlichen
des Weiteren
etwas Neues
Ich denke nichts Böses.
Er fischte im Trüben.
Sie ist die Beste.
Wir schöpfen aus dem Vollen.

Er hat seine Schäfchen ins Trockene gebracht.
jenseits von Gut und Böse

3 **Insbesondere:** Als Substantive gebrauchte **Sprachbezeichnungen** werden großgeschrieben.

Das Englisch fällt mir leicht.

Beachte:

Wir verständigen uns auf Französisch.
Wir reden französisch.
(Hier ist *französisch* Adverb.)

Kleinschreibung

4 - **Bezug auf ein Substantiv:** Bezieht sich das Adjektiv auf ein Substantiv, das vorangegangen ist oder folgt, dann schreibt man es klein.

Die Läufer treten über 100 m an.
Felix ist der schnellste.
Sie war die beste von allen Schülerinnen.

- **Substantivierte Adjektive in festen Wendungen:** Ist das Adjektiv Bestandteil einer festen Wendung, dann schreibt man es klein,

5 wenn die feste Wendung durch eine **Präposition** ergänzt wird und das **Adjektiv nicht gebeugt** ist,

von früh auf
von klein auf
in bar

6 wenn die feste Wendung aus einer **Paarformel** besteht.

alles oder nichts
über kurz oder lang
von nah und fern
grau in grau
schwarz auf weiß
durch dick und dünn

Aber:

Jung und Alt
Arm und Reich

Mehrere mögliche Schreibweisen

- Bei Wendungen mit **Präposition und gebeugtem Adjektiv** ist Groß- oder Kleinschreibung möglich.

seit Kurzem / seit kurzem 7
ohne Weiteres / ohne weiteres
bis auf Weiteres / bis auf weiteres
von Neuem / von neuem

- Die folgenden Wörter werden im Allgemeinen kleingeschrieben: ***(der, die, das) eine, (der, die, das) andere, wenige, viele, meiste***

Das wenige muss reichen. 8
Die einen machen das, die anderen machen jenes.

Zur Betonung des substantivischen Charakters ist auch Großschreibung möglich.

Die Einen wollen dahin, die Anderen dorthin.
Die Meisten sind dafür.
Er plant etwas Anderes.

Substantivierte Verben

- **Substantivierte Verben** schreibt man **groß**.

Das Gehen strengt ihn an. 9
Beim Schreiben brauche ich Ruhe.
Ihr Lieblingssport ist Schwimmen.

- Verbindungen aus **Verb und einem weiteren Bestandteil** schreibt man in der **substantivierten** Form **zusammen und groß**. → 9/1 bis 9/4, → 10/2 und 10/3 10

Verb (im Infinitiv) + Verb

Das Spazierengehen strengt an. (substantivierter Gebrauch)
Ich möchte spazieren gehen. (Gebrauch als Verb)

Partizip + Verb

Die Regeln für das Getrenntschreiben kann man leicht lernen. (substantivierter Gebrauch)
Diese Wortverbindung musst du getrennt schreiben. (Gebrauch als Verb)

Verbindungen mit *sein*

Das Dabeisein ist alles.
(substantivierter Gebrauch)
Ich möchte unbedingt dabei sein.
(Gebrauch als Verb)

Substantiv + Verb

Das Autofahren ist teuer geworden.
(substantivierter Gebrauch)
Ich kann Auto fahren.
(Gebrauch als Verb)

11 • Bei **drei und mehr Wörtern** setzt man **Bindestriche** – hierbei schreibt man das erste Wort und das substantivierte Verb groß, die anderen Bestandteile je nach Wortart. → 27/2

Das ist zum Aus-der-Haut-Fahren.

Substantivierte Numeralien

12 Wenn **Numeralien** (bestimmte oder unbestimmte Zahlwörter wie *eins, zwei, drei …, erster, zweiter …, letzter*) **wie Substantive gebraucht** werden, schreibt man sie **groß**.

Sie hat eine Eins geschrieben.
Er war als Erster fertig.
Der Einzelne hat keine Chance.
Die Drei ist eine Glückszahl.
Der Dritte, der ins Ziel kommt, erhält die Bronzemedaille.

Beachte:

- Verwendet man die **Numeralien** in ihrer Bedeutung **als Zahlen**, werden sie **kleingeschrieben**.

Sie ist schon über achtzig.
Die Uhr schlägt sechs.
Wir sind zu viert.

- *Siebzigerjahre / siebziger Jahre*

Die Siebzigerjahre / siebziger Jahre waren wild.

4 Eigennamen, feste Verbindungen

Regel	Beispiele	
Großschreibung		
• **Eigennamen** schreibt man groß.	Andrea, Hamburg, Schiller, Donau	1
• Bilden ein **Substantiv** und ein **Adjektiv** eine **Einheit**, die als **Eigenname** angesehen wird, schreibt man **auch das Adjektiv** groß.	das Deutsche Rote Kreuz das Zweite Deutsche Fernsehen	2
Ebenso:		
Amtsbezeichnungen	der Regierende Bürgermeister der Technische Direktor	3
Besondere Kalendertage	der Heilige Abend der Erste Mai der Weiße Sonntag	4
Historische Ereignisse	der Zweite Weltkrieg die Goldenen Zwanziger	5
Einige fachsprachliche Bezeichnungen (→ 4/8)	der Rote Milan (Raubvogel) die Schwarze Witwe (Spinne) der Blaue Planet die Erste Hilfe der Goldene Schnitt die Rote Karte	6
Kleinschreibung		
Bilden ein **Substantiv** und ein **Adjektiv** eine **Einheit**, die als **fester Begriff, aber nicht** als **Eigenname** (→ 4/2) angesehen wird, schreibt man das **Adjektiv** im Allgemeinen klein.	ein deutscher Meister im Fußball das neue Jahr das autogene Training die graue Maus	7

Mehrere mögliche Schreibweisen

8 Bilden **Substantiv** und **Adjektiv** eine **Einheit** mit einer **neuen, übertragenen Bedeutung**, kann man das Adjektiv großschreiben.

der Blaue Brief (Mahnbrief, Kündigungsschreiben)
das Schwarze Brett (Anschlagtafel)
der Weiße Tod (Lawinentod)

Endung auf -(*i*)*sch* und auf -*er*

9
- Wird ein Adjektiv in der Weise von einem Eigennamen abgeleitet, dass es **mitdekliniert** wird, schreibt man es **klein**.

die schweizerische Schokolade
die kafkaeske Stimmung
die hanseatischen Städte
die darwinsche Lehre

Aber:
Eigennamen, die mit **Apostroph und -*sch*** als Adjektiv verwendet werden, schreibt man groß.
→ 23/3

die Schiller'schen Dramen
der Freud'sche Versprecher

10
- Wird ein Adjektiv von einem **geografischen Eigennamen auf -*er*** abgeleitet, sodass es **nicht mitdekliniert** wird, schreibt man es **groß**.

die Schweizer Garde
der Berliner Senat

Beachte:

pfälzischer Dialekt
Pfälzer Wein

5 Zeitangaben

Großschreibung

1 In **Kombination mit den Zeitadverben** *gestern, heute, morgen, übermorgen, vorgestern* schreibt man die Zeitangaben *Morgen, Vormittag, Nachmittag, Abend, Nacht* groß.

heute Vormittag
gestern Abend
morgen Nachmittag

Kleinschreibung

Mit angehängtem *-s* schreibt man die Zeitangaben klein. → 2/2

Er ist abends fit. 2
Es ist nachts ruhig.

Beachte:

Er geht montagabends tanzen.
Er geht (am) Montagabend tanzen.

Unterscheide:

Im Sinne von ‚der nächste Tag' ist *morgen* Adverb und wird kleingeschrieben.

Ich komme morgen. 3

Morgen (im Sinne von ‚der Anfang des Tages') ist Substantiv und wird großgeschrieben.

Am Morgen geht die Sonne auf. 4

6 Anredepronomen

- Die Höflichkeitsanrede *Sie* und das zugehörige Pronomen *Ihr* (in allen Formen) schreibt man groß.

Haben Sie Ihre Unterlagen mitgebracht? 1
Wir danken Ihnen.
Kann ich Sie morgen sehen?

Beachte:
Das Reflexivpronomen *sich* schreibt man klein.

Können Sie sich erinnern?

- Die Pronomen *du, dein, dir, dich* sowie *ihr, euch, euer* schreibt man im Allgemeinen klein.

Kannst du bitte deine Aufgaben erledigen? 2
Habt ihr euer Kommen bereut?

Beachte:
In Briefen können diese Pronomen großgeschrieben werden.

Liebe Anja,
würdest Du Dich bitte an Dein Versprechen halten?

7 Fremdwörter

1 • Substantive aus anderen Sprachen werden großgeschrieben.	der Drink das Center
2 • Bei mehrteiligen Fremdwörtern und Fügungen mit Bindestrich schreibt man das erste Wort und alle anderen substantivischen Bestandteile groß. → 11/4, → 11/5, → 30/1 bis 30/4	Soft Drink Midlife-Crisis Do-it-yourself-Programm Walkie-Talkie Come-back
Aber: Feste adverbiale Fügungen aus einer Fremdsprache werden kleingeschrieben.	a capella singen in flagranti erwischen de facto anerkennen A-capella-Chor

8 Straßennamen

1 Bei mehrteiligen Straßennamen schreibt man das erste Wort und alle Substantive, Adjektive und Zahlwörter groß. →12/2	Lange Straße Am Alten Markt Bei den Drei Pfählen

Getrennt- und Zusammenschreibung

9 Verbindungen mit einem Verb

Verb + Verb

Getrenntschreibung

Verbindungen von einem verbalen ersten Bestandteil und einem Verb werden im Allgemeinen getrennt geschrieben.

Ich möchte spazieren gehen. 1
Dieses sollte bestehen bleiben.
Er hat die Tasse fallen lassen.
Sie will in der Schlange stehen bleiben.

Mehrere mögliche Schreibweisen

Bei Verbindungen mit *bleiben* und *lassen* gilt: Falls die Verbindung in einem übertragenen Sinne gebraucht wird, ist auch Zusammenschreibung möglich.

Sie will auf diesem Stuhl sitzen bleiben. (wörtlich) 2
Sie wird dieses Schuljahr sitzen bleiben / sitzenbleiben. (übertragen)
Ich kann den Luftballon platzen / sausen lassen. (wörtlich)
Ich werde die Party platzenlassen / platzen lassen / sausenlassen / sausen lassen. (übertragen)

Beachte:
kennenlernen / kennen lernen
Hier sind grundsätzlich beide Schreibweisen möglich.

Ich würde ihn gerne kennenlernen / kennen lernen.

Verbindungen mit *sein*

Verbindungen mit *sein* werden immer getrennt geschrieben.

Ebenso: *da sein, fertig sein, los sein, vorbei sein, zurück/zusammen sein.*

Ich will dabei sein. 3
Wir werden beisammen sein.
Das Ersatzteil sollte vorhanden sein.

Substantiv + Verb

Getrenntschreibung

4 Verbindungen aus **Substantiv und Verb** werden in der Regel **getrennt** geschrieben.

Auto fahren
Rad fahren
Klavier spielen
Schlittschuh laufen
Schlange stehen

Beachte:

- Wird das Verb **substantiviert**, schreibt man **zusammen**. → 3/9, → 3/10

  Das Klavierspielen macht Spaß.
  Das ständige Stehenbleiben hält auf.

- Tritt das **Verb als Partizip** auf, ist **auch Zusammenschreibung** erlaubt. → 10/3

  die Erdöl exportierenden / erdölexportierenden Länder
  die Gewinn bringende / gewinnbringende Aktie

Zusammenschreibung

5 Folgende Verbindungen werden zusammengeschrieben, weil der **erste Bestandteil nicht** als **selbstständiges Substantiv** wirksam ist:

heim-	heimfahren, heimlaufen, heimleuchten, heimsuchen, heimzahlen
irre-	irreführen, irrewerden (auch: irrwerden)
preis-	preisgeben
stand-	standhalten
statt-	stattfinden, stattgeben
teil-	teilhaben, teilnehmen
wett-	wettmachen
wunder-	wundernehmen
Außerdem:	eislaufen kopfstehen leidtun nottun

Partikel + Verb

• Ist der erste Bestandteil eine Verbpartikel, schreibt man zusammen.	Er wird sich querstellen. Diese Regel wird alles zunichtemachen. Wenn er nicht aufpasst, wird ihm das Teil abhandenkommen.	6
• Insbesondere: Zusammensetzungen aus den folgenden Bestandteilen und Verb schreibt man zusammen:		7
ab-, an-, auf-, aus-,	Das kann man abziehen.	
bei-, beisammen-,	Wir wollen beisammensitzen.	
da-, dabei-, dafür-, dagegen-, daher-, dahin-, daneben-, dar-, d(a)ran-, d(a)rein-, da(r)nieder-, darum-, davon-, dawider-, dazu-, dazwischen-, drauf-, drauflos-,	Er wollte sich davonschleichen. Musstest du dazwischenfahren?	
drin-, durch-,		
ein-, einher-, empor-, entgegen-, entlang-, entzwei-,	Die Vase ist entzweigegangen.	
fort-,		
gegen-, gegenüber-,		
her-, herab-, heran-, herauf-, heraus-, herbei-, herein-, hernieder-, herüber-, herum-, herunter-, hervor-, herzu-, hin-, hinab-, hinan-, hinauf-, hinaus-, hindurch-, hinein-, hintan-, hintenüber-, hinterher-, hinüber-, hinunter-, hinweg-,	Es wird darauf hinauslaufen.	
hinzu-,		
inne-,		
los-,	Wenn ich endlich loskommen würde!	
mit-,		
nach-, nieder-,		

über-, überein-, um-, umher-, umhin-, unter-,	Der Weitspringer ist übergetreten. Er unterschreibt den Brief.
vor-, voran-, vorauf-, voraus-, vorbei-, vorher-, vorüber-, vorweg-,	
weg-, weiter-, wider-, wieder-,	Das widerspricht der Logik.
zu-, zurecht-, zurück-, zusammen-, zuvor-, zuwider-, zwischen-.	Kannst du den Text zusammenfassen?
Ebenso: *auf- und ab-, ein- und aus-, hin- und her-*	Muss er dauernd hin- und herlaufen?
Faustregel zur Unterscheidung: Liegt die Betonung nur auf der Partikel, schreibt man zusammen. Liegt die **Betonung** auch **auf dem Verb**, schreibt man **getrennt**.	Das muss man aufeinanderstapeln. (*aufeinander* = Verbpartikel) Wir sollen aufeinander warten. (*aufeinander* = selbstständiges Adverb) Damit musst du dich auseinandersetzen. (*auseinander* = Verbpartikel) Diese Schüler muss man auseinander setzen. (*auseinander* = selbstständiges Adverb) Ein Team muss gut zusammenspielen. (*zusammen* = Verbpartikel) Wollen wir zusammen spielen? (*zusammen* = selbstständiges Adverb)

Adjektiv + Verb

Getrenntschreibung 8 Verbindungen aus **Adjektiv und Verb** werden in der Regel **getrennt** geschrieben.	Man sollte das ernst nehmen. Das kannst du auswendig lernen.

Mehrere mögliche Schreibweisen

Bezeichnet das Adjektiv das **Ergebnis eines Vorgangs**, ist sowohl **Getrennt- als auch Zusammenschreibung** erlaubt.

das Holz klein hacken / kleinhacken 9
das Haus rot streichen / rotstreichen

Zusammenschreibung

Bei **neuer, übertragener Gesamtbedeutung** schreibt man zusammen.

fertigmachen (‚zermürben‘) 10
kaltstellen (‚politisch ausschalten‘)
freisprechen (‚für nicht schuldig erklären‘)

Unterscheide:

Die Buchstaben auf einem Plakat sollte man groß schreiben.
(= wörtliche Bedeutung)
Ein Substantiv muss man großschreiben.
(= übertragene Bedeutung)
Sie können bis auf wenige Meter näher kommen.
(= wörtliche Bedeutung)
Die Gegner wollen sich näherkommen.
(= übertragene Bedeutung)
Er hatte Grippe und musste die Arbeit krank schreiben.
(= wörtliche Bedeutung)
Der Arzt soll ihn krankschreiben.
(= übertragene Bedeutung)

Untrennbare Zusammensetzungen aus Substantiv/Adjektiv/Partikel + Verb

Untrennbare Zusammensetzungen aus Substantiven, Adjektiven oder Partikeln mit Verben werden stets **zusammengeschrieben**.

bergsteigen, brandmarken, bruchrechnen, frohlocken, gleichmachen, handhaben, kopfrechnen, liebkosen, maßregeln, notlanden, schlafwandeln, schlussfolgern, schutzimpfen, seiltanzen, sonnenbaden, wehklagen, wetteifern, wettlaufen 11

Verben mit unterschiedlicher Bedeutung

12 Bei Betonung auf dem verbalen Bestandteil schreibt man zusammen, bei Betonung auf der Präposition schreibt man getrennt.

durchbrechen	Sie durchbricht die Vorschrift. – Sie bricht den Stab durch.
hintergehen	Sie hintergeht ihn. – Sie geht hinter der Mauer.
übersetzen	Er übersetzt den Text. – Er setzt das Boot über.
umfahren	Er umfährt das Hindernis. – Er fährt das Hindernis um.
unterstellen	Er unterstellt ihm böse Absichten. – Er stellt sich bei Regen unter.
wiederholen	Er wiederholt seinen Fehler. – Er holt wieder das Auto.

10 Verbindungen mit einem Adjektiv/Partizip

Getrenntschreibung

1 Verbindungen aus Partizip (als erstem Bestandteil) und Adjektiv werden getrennt geschrieben.

kochend heiß
leuchtend blau

Mehrere mögliche Schreibweisen

2 • Verbindungen aus Adjektiv und Partizip (als zweitem Bestandteil) können getrennt oder zusammengeschrieben werden.

allein erziehend / alleinerziehend
gut bezahlt / gutbezahlt

3 • Verbindungen aus Substantiv und Partizip (als zweitem Bestandteil) können getrennt oder zusammengeschrieben werden.

Erfolg versprechend / erfolgversprechend
Aufsicht führend/aufsichtführend
Rat suchend/ratsuchend

Zusammenschreibung

4
- **Zusammensetzungen** mit einem Bestandteil, der eine **Steigerung oder Minderung des Adjektivs** bewirkt, schreibt man **zusammen**:
  bitter- bitterkalt, bitterböse
  erz- erzkonservativ
  grund- grundverschieden
  minder- minderbegabt
  super- supermodern
  tod- todschick
  ultra- ultralang
  ur- uralt

5
- **Zusammensetzungen**, bei denen der **erste Bestandteil** eine **Wortgruppe abkürzt**, schreibt man **zusammen**.
  angsterfüllt (statt: von Angst erfüllt)
  bahnbrechend (statt: die Bahn brechend)

Verbindungen aus Adjektiv/Adverb und *so, wie, zu*

6
Verbindungen aus **Adjektiv oder Adverb und *so, wie* oder *zu*** schreibt man **getrennt**.

Er hat so viel Geld.
Wie viele Kilometer sind das?
Das passiert nun zu oft.
Das geht zu weit.

7
Unterscheide:
Je nach Wortart wird getrennt oder zusammengeschrieben. → 15/1

Sie springt so weit.
(*weit* ist Adverb)
Soweit ich weiß, läuft er sehr schnell.
(*soweit* ist Konjunktion)

Er braucht so viel Geduld.
(*viel* ist Adjektiv)
Soviel ich weiß, kommt sie morgen.
(*soviel* ist Konjunktion)

11 Verbindungen mit einem Substantiv

Zusammenschreibung

Zusammensetzungen mit Substantiven schreibt man im Allgemeinen zusammen.

1 • Substantiv + Substantiv — Haustür, Heizungsmonteur, Dienstagabend

2 • Zahlwort + Substantiv — Zehnkampf, Viertelkilogramm

3 • Eigenname + Substantiv — Schillerschule

Mehrere mögliche Schreibungen

4 • Bei **zusammengesetzten Fremdwörtern** aus **Adjektiv + Substantiv** oder **Partizip + Substantiv** ist **Getrennt- oder Zusammenschreibung** möglich, wenn der **Hauptakzent** auf dem **ersten Bestandteil** liegt.

Softdrink / Soft Drink
Hotdog / Hot Dog
Hardrock / Hard Rock

Beachte:

5 Tragen **beide Bestandteile** einen starken **Akzent**, ist **nur Getrenntschreibung** möglich.
→ 30/1 bis 30/4

New Economy, Electronic Banking

• **Getrennt- oder Zusammenschreibung** ist wahlweise möglich bei

6 Verwendung als **Adverb**:

infrage stellen / in Frage stellen
instand setzen / in Stand setzen
zugrunde liegen / zu Grunde liegen
zuleide tun / zu Leide tun
zumute sein / zu Mute sein
zustande bringen / zu Stande bringen
zutage fördern / zu Tage fördern

Verwendung als Präposition:	anstelle / an Stelle aufgrund / auf Grund mithilfe / mit Hilfe zugunsten / zu Gunsten	7

12 Straßennamen

Zusammenschreibung Straßennamen, die aus einem ungebeugten Adjektiv und einem Grundwort zusammengesetzt sind, werden zusammengeschrieben.	Altmarkt Neumarkt Hochstraße	1
Getrenntschreibung Getrennt schreibt man • Straßennamen mit einem gebeugten Adjektiv, → 8/1	Alter Markt Hohe Straße Große Bleiche Langer Graben	2
• Straßennamen mit Orts- oder Ländernamen auf *-er*.	Hamburger Straße Allgäuer Straße	3

13 Zahlen

In Buchstaben geschriebene Zahlen unter einer Million werden zusammengeschrieben.	neunzehnhundertsiebenundneunzig fünfundzwanzig einhundertsiebenundvierzig	1
Beachte: • Zahlen bis zwölf schreibt man in der Regel als Wort, darüber (also ab 13) in Ziffern.	Der Bauer hat zwölf Kühe, drei Pferde und 20 Hühner.	2

3 • Zahlenangaben in Verbindung mit *-mal* schreibt man zusammen.
→ 25/1

einmal, viermal

Aber:

das erste / einzige / letzte Mal
das eine Mal

14 Verbindungen mit *irgend-*

1 Verbindungen mit *irgend-* schreibt man zusammen.

irgendein
irgendwann
irgendetwas
irgendjemand
irgendwie

2 Aber:

irgend so ein
irgend so etwas

15 Konjunktionen

Zusammenschreibung

1 Man schreibt zusammen: *anstatt, inwiefern, solange, soviel, soweit* etc.
→ 10/7

Solange diese Regel besteht, musst du sie beachten.
Soviel ich weiß, hat er es getan.

Getrenntschreibung

2 Man schreibt getrennt: *ohne dass, außer dass, statt dass* etc.

Er hat es getan, ohne dass er die Folgen bedachte.

Mehrere mögliche Schreibungen

3 Zusammen- oder Getrenntschreibung ist möglich bei *sodass / so dass*.

Er hielt das Plakat hoch, sodass / so dass man es besser sehen konnte.

Satzzeichenregeln

16 Satzende

Regel	Beispiel	Nr.
Am Ende eines Satzes kann als Abschluss		
• ein Punkt,	Er geht jetzt.	1
• ein Fragezeichen,	Kommst du heute?	2
• ein Ausrufezeichen	Sei bitte still!	3
stehen.		
Der Satz kann aus		
• einem Hauptsatz,	Heute scheint die Sonne.	4
• einem Satzgefüge (Hypotaxe),	Wenn wir gewusst hätten, dass der Bus verspätet war, dann wären wir gelaufen. Sobald du den Startschuss hörst, lauf los!	5
• einer Satzreihe (Parataxe)	Er kam, er sah, er siegte. Die Schauspieler agierten hervorragend(,) und das Bühnenbild trug zum Erfolg bei. Schlagt das Buch auf(,) und lest bitte! Ist er so gut(,) oder tut er nur so?	6
bestehen.		

17 Direkte Rede

Nr.	Regel	Beispiel
1	• Die direkte Rede (= wörtlich wiedergegebene Äußerung) wird durch **Anführungszeichen** gekennzeichnet.	Sie sagte freundlich „Guten Tag“ zu ihm. Er nannte ihn „eine schillernde Persönlichkeit“.
	• Nach den Anführungszeichen folgt **anstatt des Schlusspunktes ein Komma**, wenn	
2	der Begleitsatz folgt,	„Ich komme mit“, meinte er.
3	die direkte Rede im Inneren eines Satzes steht.	Sie sagte: „Ich hole nur meine Tasche“, und dann gingen sie los.
4	• Beim **Begleitsatz** wird der **Schlusspunkt weggelassen**, wenn die **direkte Rede** den Satz **beendet**.	Er meinte: „Ich komme mit.“
5	• **Eingeschobene Begleitsätze** werden durch **Kommas** abgetrennt.	„Wir planen eine neue Straße“, erklärte er der Presse, „damit die Anwohner entlastet werden.“
	• **Ausrufezeichen** und **Fragezeichen**	
6	am Ende der direkten Rede	„Geh jetzt bitte!“, rief er. „Glaubst du das wirklich?“, fragte sie.
7	am Ende des Begleitsatzes	Sag jetzt nicht: „Ich will nicht!“! Darf er sie fragen: „Wie alt bist du?“?
	werden **nicht weggelassen**.	

18 Komma

Komma bei Aufzählungen

• Das **Komma** trennt **Wörter oder Wortgruppen bei Aufzählungen** voneinander ab, falls diese **nicht durch eine der folgenden Konjunktionen verbunden** sind:	Er kam, sah, siegte. Eingeladen sind Anne, Bernd, Peter. 1
und	Seine Hobbys sind Tennis, Turnen und Lesen. Er will nun seine Freunde abholen, mit ihnen zum Schwimmen fahren, danach noch Hausaufgaben machen und früh ins Bett gehen.
oder	Ich komme am Montag, Dienstag oder Freitag.
sowie (im Sinne von ‚und')	Er spricht Englisch, Französisch sowie Spanisch.
wie (im Sinne von ‚und')	In guten wie in schlechten Zeiten blieb die Beziehung harmonisch.
beziehungsweise	Dieses Kapitel solltest du lesen beziehungsweise gut vorbereiten.
sowohl … als auch	Der Film gefiel sowohl Peter als auch Lisa.
sowohl … wie auch	Das Programm kann man sowohl per Satellit wie auch per Kabel empfangen.
weder … noch	Weder Hans noch Uta können kommen.
entweder … oder	Die Party findet entweder morgen oder übermorgen statt.

2 • Bei folgenden Konjunktionen wird ein Komma gesetzt:	
aber	Das Kleid war unmodern, aber bequem.
(Bei nachgestelltem *aber* steht das Komma vor dem Satzglied, das sich auf das *aber* bezieht.)	Die Bluse passt, die Hose aber nicht.
jedoch	Ich wartete lange, jedoch ohne Erfolg.
doch	Das Wetter war warm, doch windig.
sondern	Das ist nicht zu groß, sondern eher zu klein.
Beachte: Werden ***aber, doch, jedoch*** als Adverbien verwendet, steht kein Komma.	Ich kann doch diese einfache Regel verstehen.
3 • Ein Komma setzt man vor Verneinungen, wenn sie zwischen gleichrangigen Wörtern oder Wortgruppen stehen:	
nicht	Er kommt heute, nicht morgen. Ich rufe ihn an, um darüber zu reden, nicht um darüber zu streiten.
kein	Das war Ernst, kein Witz.

Komma bei Adjektiven

Mit Komma	
4 Bei gleichrangigen Adjektiven setzt man ein Komma.	das neue, glänzende Auto ein süßer, saftiger Apfel

Ohne Komma Sind die Adjektive nicht gleichrangig, so setzt man kein Komma.	die erste interessante Frage viele neue Ideen	5
Unterscheide: Je nach Kommasetzung ist die Bedeutung unterschiedlich.	das schöne, alte Haus (= das Haus ist schön und alt) das schöne alte Haus (= das alte Haus ist schön)	6

Komma bei Appositionen

Mit Komma • Das Komma trennt die Apposition ab.	Ich lese gerade „Die Blechtrommel“, das bekannteste Buch von Günter Grass.	7
• Wird die Apposition in den Satz eingeschoben, so schließt man sie in Kommas ein.	In Berlin, der Hauptstadt Deutschlands, wurde ein neues Museum eröffnet.	8
Unterscheide: Je nach Kommasetzung liegt eine Apposition oder eine Aufzählung vor.	Ich habe Anna, die Schwester meines Freundes, und meinen Bruder eingeladen. (Apposition, zwei Gäste sind eingeladen) Ich habe Anna, die Schwester meines Freundes und meinen Bruder eingeladen. (Aufzählung, drei Gäste sind eingeladen)	9
Ohne Komma Appositionen, die Teil eines Namens oder eines Begriffs sind, werden nicht durch Komma abgetrennt.	Alexander der Große	10

Komma bei Nebensätzen

Mit Komma

Das Komma trennt

11	• den Nebensatz vom Hauptsatz,	Sie kommt zum Spielen, sobald sie fertig gegessen hat. Wenn du es mir gesagt hättest, wäre uns viel Ärger erspart geblieben.
12	(Einen eingeschobenen Nebensatz schließt man in Kommas ein.)	Gestern habe ich Heinz, der nun in unserer Stadt wohnt, getroffen. Wir hoffen, dass es euch gut geht, und freuen uns auf euren Besuch.
13	• den Nebensatz von einem untergeordneten Nebensatz,	Nachdem Hans seinen Freund, der wegen eines Unfalls im Krankenhaus lag, besucht hatte, fuhr er sofort nach Hause.
14	• den Nebensatz von einem gleichrangigen Nebensatz, wenn die Sätze nicht durch eine Konjunktion wie ***und*** oder ***oder*** verbunden sind. → 18/16	Nachdem ich das Essen gerichtet hatte, nachdem ich den Tisch gedeckt hatte, nachdem also alles vorbereitet war, sagten die Gäste ab.
	Beachte:	
15	Das Komma steht vor den Wörtern, die zur unterordnenden Konjunktion gehören.	Es schneit, und weil es morgen schon wieder tauen soll, gehen wir jetzt zum Schlittenfahren. Sie will das heute fertig schreiben, und wenn es noch so spät ist. Sie reagierte, gleich nachdem es passiert war. Ich wollte gehen, aber wenn du bleibst, warte ich noch. Er war fertig, fünf Minuten bevor es klingelte.

Ohne Komma

Man setzt kein Komma, wenn 16
gleichrangige Nebensätze durch eine der folgenden Konjunktionen verbunden werden:

- *und*
- *oder*
- *beziehungsweise*
- *sowie*
- *weder … noch*
- *entweder … oder*
- *sowohl … als auch*

Ich kann nicht kommen, weil ich mich bei Pia angesteckt habe und weil ich noch etwas erledigen muss.

Komma bei Hauptsätzen

Mit Komma

Zwischen gleichrangigen vollständigen Hauptsätzen setzt man ein Komma. 17

Martin spielt Tennis, Anna geht zum Geigenunterricht.

Mehrere mögliche Schreibweisen

Man kann ein Komma setzen, wenn 18
vollständige Hauptsätze durch folgende Konjunktionen verbunden sind:

- *und*
- *oder*
- *beziehungsweise*
- *sowie*
- *weder … noch*
- *entweder … oder*
- *sowohl … als auch*

Ich kümmere mich um dies(,) und du erledigst das andere.

Wir sollten nun losgehen(,) oder wir lassen es bleiben.

Weder hier habe ich ihn gefunden(,) noch ist er dort zu sehen.

Entweder du gehst zum Arzt(,) oder die Krankheit wird schlimmer.

Komma bei Vergleichsätzen

Mit Komma

19 Werden zwei vollständige Sätze durch die Vergleichswörter *als* oder *wie* verbunden, setzt man ein Komma.

Es ging schneller, als er dachte.
Das Geschenk war genau so groß, wie sie es sich gewünscht hatte.

Ohne Komma

20 Folgt nach *als* oder *wie* nur ein Wort oder eine Wortgruppe, so setzt man kein Komma.

Es ging schneller als gedacht.
Alles verlief wie gewünscht.

Komma bei Infinitiven

Mit Komma

Bei Infinitivgruppen setzt man ein Komma,

21 • wenn die Infinitivgruppe durch ***um, ohne, statt, anstatt, außer, als*** eingeleitet wird.

Sie ruft, um auf sich aufmerksam zu machen.
Er setzt sich durch, ohne Rücksicht auf andere zu nehmen.
Statt das Auto zu nehmen, fuhr er mit dem Rad.
Er hat nichts Besseres zu tun, als unnötige Briefe zu schreiben.
Die einzige Lösung, außer den Plan aufzugeben, besteht in einem Kompromiss.

22 • wenn die Infinitivgruppe durch ein hinweisendes Wort angekündigt oder wieder aufgenommen wird.

Sein Versuch, ihn zu betrügen, fiel auf.
Ich habe nicht daran gedacht, sie zu warnen.
Er rechnete damit, sie hier zu sehen.
Die Prüfung zu bestehen, das ist sein Ehrgeiz.
Es kommt nicht infrage, jetzt schon zu gehen.

Beachte:
Liegt ein bloßer Infinitiv vor, kann das Komma weggelassen werden.

Es kommt nicht infrage(,) abzuhauen.
Den Plan(,) zu heiraten(,) gab sie auf.

Mehrere mögliche Schreibweisen

Andere Infinitiv- und Partizipgruppen können durch ein Komma abgetrennt werden.

Sie beeilt sich(,) den Bus zu erreichen. 23
Sie ging(,) die Handtasche fest haltend(,) durch die Menge.
Ein Bein nach sich ziehend(,) humpelte er hinter ihnen her.

Beachte:
Das Komma sollte gesetzt werden, um Missverständnisse zu vermeiden.

Ich rate ihr, zu gehorchen.
Ich rate, ihr zu gehorchen.

19 Semikolon

- Das Semikolon trennt gleichrangige Teilsätze oder Wortgruppen. Die Abtrennung ist stärker als durch ein Komma, aber schwächer als durch einen Punkt.
- Die Groß- bzw. Kleinschreibung nach dem Semikolon richtet sich nach der Wortart des folgenden Wortes.

Ich gehe jetzt; das war zu viel heute. 1
Die Kinder spielen draußen; vielleicht im Hof oder Garten.

Sie ist sportlich; der Hochsprung ist jedoch ihre Schwäche. 2

20 Doppelpunkt

1 • Nach dem Doppelpunkt wird etwas Angekündigtes ausgedrückt oder eine Schlussfolgerung gezogen.

Wir brauchen: Papier und Kleber.
Ich sage: „Jetzt geht's los!"
Jeder redete auf den anderen ein, kurz gesagt: ein Chaos.

2 • Wenn nach dem Doppelpunkt ein vollständiger Satz folgt, wird der Anfang dieses Satzes groß geschrieben. → 1/6

Es war so: Zuerst kam Lisa, dann Martin.

Beachte: → 19/2

Das Theater endet: Alle klatschen.
Das Theater endet, alle klatschen.
Das Theater endet; alle klatschen.

21 Gedankenstrich

• Der Gedankenstrich kennzeichnet

1 etwas Weiterführendes,

Er kam wie immer – mit dem Rad.

2 eine eingeschobene Aussage,

Dieses Buch – es war ein Geschenk meiner Mutter – habe ich nun gelesen.

3 eine Apposition,

Anna – meine beste Freundin – kommt auch zu dem Treffen.

4 eine unerwartete Aussage.

Alle starrten auf die Bühne – doch nichts geschah.

5 • Eingeschobene Zusätze behalten ihr Ausrufe- und Fragezeichen. → 22/2

Er hat – welch ein Irrtum! – den falschen Zug genommen.

Sie behauptet, gestern – war es nicht eher vorgestern? – hier gewesen zu sein.

6 • Der Schlusspunkt des Einschubs wird jedoch weggelassen. → 22/3

Wir fahren alle zusammen – da gehörst auch du dazu – in Urlaub.

- Die Groß- bzw. Kleinschreibung nach dem Gedankenstrich richtet sich nach der Wortart des folgenden Wortes.

Das Theater endet – alle klatschen. 7

22 Klammern

- In Klammern werden zusätzliche Angaben eingeschoben.

  Statt der Klammern kann man auch Kommas oder Gedankenstriche setzen.
  → 18/8, → 21/3

Der Großvater (ein sehr geschäftstüchtiger Mann) hat das geregelt. 1

Der Großvater, ein sehr geschäftstüchtiger Mann, hat das geregelt.

Der Großvater – ein sehr geschäftstüchtiger Mann – hat das geregelt.

- Die eingeschobenen Sätze behalten ihre Ausrufe- und Fragezeichen.
  → 21/5

Ich habe so viel gearbeitet (das kannst du mir glauben!) und nun kommt endlich der Erfolg. 2

Ich habe so viel gearbeitet (du glaubst mir nicht?) und nun kommt endlich der Erfolg.

- Der Schlusspunkt des eingeschobenen Satzes wird weggelassen.
  → 21/6

Wir fahren alle zusammen (da gehörst auch du dazu) in Urlaub. 3

Beachte:
Wird der Satz in der Klammer jedoch als eigenständiger Satz betrachtet, setzt man den Schlusspunkt.

Er ist gegangen. (Und was nun folgt, kannst du dir denken.)

- Die Satzzeichen des ergänzten Satzes werden nicht weggelassen.

Ich fordere (und das nun zum letzten Mal), dass wir uns absprechen. 4

Weglassprobe
Auch ohne den Klammersatz müssen im ergänzten Satz alle notwendigen Satzzeichen stehen.

Ich fordere, dass wir uns absprechen.

5	• Die Groß- bzw. Kleinschreibung nach der Klammer richtet sich nach der Wortart des folgenden Wortes.	Er erbte ein Vermögen (man schätzt es auf mehrere Millionen).

23 Apostroph

1	• Der Apostroph kennzeichnet eine Auslassung von Buchstaben in Wörtern.	Wie geht's dir? Mach's doch endlich! So'n Ärger!
2	• Bei Eigennamen, die auf einen s-Laut (-s, -ss, -ß, -tz, -z, -x, -ce) enden, setzt man im Genitiv statt des Genitiv-s einen Apostroph.	Hans' Lieblingsbuch Fritz' Auto Alice' Fahrrad
3	• Der Apostroph kann auch die Grundform von Eigennamen verdeutlichen. → 4/9	Grimm'sche Märchen Beate's Café

Bindestrich

24 Zusammensetzungen mit Abkürzungen und einzelnen Buchstaben

Regel	Beispiele	
Man setzt einen **Bindestrich**		
• bei Zusammensetzungen mit **Abkürzungen**,	Ich-AG Fußball-WM Kfz-Papiere pH-Wert	1
• bei Zusammensetzungen mit **einzelnen Buchstaben**.	A-Dur n-Eck x-Achse x-beinig	2

25 Zusammensetzungen mit Ziffern

Regel	Beispiele	
Mit Bindestrich		
Ziffern und Wörter werden durch einen Bindestrich verbunden. → 13/3	11-jährig (aber: elfjährig) 3-mal (aber: dreimal) 5-malig (aber: fünfmalig) 2-stündig (aber: zweistündig) 35-Stunden-Woche 7/8-Takt 4:5-Niederlage 1000-Jahr-Feier	1
Beachte: **Substantivierungen** werden **groß**geschrieben.	Die 6-Jährigen mussten Eintritt bezahlen, die 5-Jährigen hatten freien Eintritt.	

Ohne Bindestrich

2 **Suffixe** werden ohne Bindestrich an die Ziffer angehängt.

100%ig
ein 16stel

Beachte:
Werden **Ziffer und Suffix** mit einem **weiteren Substantiv** verbunden, setzt man den **Bindestrich zwischen Suffix und Substantiv**.

die 70er-Jahre
ein 100stel-Gramm

Mehrere mögliche Schreibweisen

3 Verbindungen von Ziffer und ***-fach*** können **mit Bindestrich oder zusammen**geschrieben werden.

2-fach / 2fach (aber: zweifach)
100-fach / 100fach
(aber: hundertfach)

26 Zusammensetzungen mit Wortgruppen

1 Bei **Zusammensetzungen mit Wortgruppen** setzt man einen **Bindestrich**.

Links-rechts-Kombination
Hals-Nasen-Ohren-Arzt
Berg-und-Tal-Bahn
Frage-und-Antwort-Spiel
Kopf-an-Kopf-Rennen

27 Substantivierungen

Mit Bindestrich

Man setzt einen Bindestrich

1 • bei **Wortgruppen**, die **als Substantiv** verwendet werden,

das Als-ob
das Sowohl-als-auch

2 • bei **substantivisch gebrauchten Infinitiven** mit **drei und mehr** Bestandteilen.

das Hin-und-her-Zerren
das Von-der-Hand-in-den-Mund-Leben

Beachte:
Das erste Wort und der letzte Infinitiv werden großgeschrieben, die Schreibung der anderen Bestandteile richtet sich nach der Wortart. → 3/11

das Um-den-heißen-Brei-herum-Reden

Ohne Bindestrich

Übersichtliche Zusammensetzungen mit Infinitiv können ohne Bindestrich geschrieben werden. → 3/10, → 9/4

das Motorradfahren 3
das Ballspielen
beim Walzertanzen
das Inkrafttreten

28 Übersichtlichkeit und Verständnis

Mit Bindestrich

Bei unübersichtlichen Zusammensetzungen aus gleichrangigen Adjektiven setzt man einen Bindestrich.

die deutsch-französische Freundschaft 1
der wissenschaftlich-technische Fortschritt

Mehrere mögliche Schreibungen

Man kann einen Bindestrich setzen

- aus Gründen der Übersichtlichkeit,

Leichtathletik-Weltmeisterschaft 2
Software-Anwendung
Kernspin-Tomografie

- zur Betonung einzelner Wörter,

die Ich-Erzählung 3
die Hoch-Zeit

- aus Gründen des eindeutigen Verständnisses,

Druck-Erzeugnis 4
Drucker-Zeugnis

- um ein Aufeinandertreffen von drei gleichen Buchstaben zu verhindern.

die Schiff-Fahrt 5
(neben: Schifffahrt)
die Ballett-Truppe
(neben: Balletttruppe)

29 Geografische Eigennamen

1 Einige geografische Eigennamen schreibt man mit Bindestrich (meist, wenn die Namen zweier Regionen miteinander verbunden werden).

Baden-Württemberg
rheinland-pfälzisch

30 Fremdwörter

Mit Bindestrich

1 • Aneinanderreihungen von Fremdwörtern, die als Substantiv verwendet werden, schreibt man mit Bindestrich.

Boogie-Woogie
Walkie-Talkie

2 • Man setzt einen Bindestrich bei Zusammensetzungen mit Wortgruppen, die aus Fremdwörtern bestehen. → 26/1

No-Future-Generation
Rooming-in-System

Mehrere mögliche Schreibungen

Zusammenschreibung oder die Schreibung mit Bindestrich ist möglich bei

3 • zusammengesetzten Fremdwörtern aus zwei Substantiven → 11/4, → 11/5

Midlifecrisis / Midlife-Crisis

4 • Substantivierungen aus Verb + Adverb.

Comeback / Come-back
Countdown / Count-down

31 Straßennamen

1 Bei Zusammensetzungen mit mehrteiligen Eigennamen setzt man Bindestriche.

Konrad-Adenauer-Straße
Von-Stauffenberg-Straße

Regeln für einzelne Buchstaben

32 Wortstammregel

Der Wortstamm ist in den gebeugten und abgeleiteten Formen eines Wortes erkennbar, das heißt, er wird gleich geschrieben oder höchstens durch einen Umlaut verändert. 1

• gleiche Schreibung:	wahr, wahrhaftig, Wahrheit (gemeinsamer Wortstamm: *wahr-*) nummerieren (wegen: Nummer) platzieren (wegen: Platz) substanziell (wegen: Substanz) essenziell (wegen: Essenz)	2
• Schreibung mit Umlaut:	Angst, ängstigen, ängstlich (gemeinsamer Wortstamm: *angst-*) Haus, Häuser, häuslich Stängel (wegen: Stange) Quäntchen (wegen: Quantum) überschwänglich (wegen: Überschwang)	3

33 *s, ss* oder *ß*?

Verwendung von *-ss* Nach kurzem Vokal folgt *-ss.*	Ass Hass Wasser Fluss Prozess Schluss	1
Insbesondere bei der Konjugation von Verben, die im Infinitiv ein *-ss* führen, bleibt das *-ss* nach kurzem Vokal erhalten.	ich muss (wegen: müssen) du lässt (wegen: lassen) er isst (wegen: essen)	

Verwendung von *-s* nach kurzem Vokal

2	• Endung *-nis*	Geheimnis, Zeugnis, Gleichnis
3	• Pronomen/Artikel	das, was, wes, des
4	• einige Fremdwörter	Bus, Atlas
5	• einzelne Wörter → 33/1	der Rost, die Hast, du hast, bis

Verwendung von *-s* bzw. *-ß*

6	Nach langem Vokal oder Doppellaut (*ei, au, eu*) folgt *s* oder *ß* – je nach Wortstamm.	Straße fließen weiß außen Gras er liest Weise Maus
	Faustregeln:	
	• stimmhafter s-Laut: immer *s*	Bluse Rose lesen
	• stimmloser s-Laut:	
	ß, wenn der s-Laut in allen Formen des Wortes stimmlos bleibt.	Gruß (stimmloser s-Laut in Grüße, grüßen)
	s, wenn der s-Laut in manchen Formen des Wortes stimmhaft wird.	Preis, preislich (stimmhafter s-Laut in Preise)

34 *Dass* oder *das*?

Die Konjunktion *dass* ist zu unterscheiden

Er will, dass ich komme. 1
Ich glaube dir, dass es schmerzt.
(Konjunktion)

- von dem Artikel *das*

Sie kann das Fahrrad nehmen. 2
(Artikel)

- und dem Relativpronomen *das*.

Ich wohne in einem Haus, das mir gehört. 3
(Relativpronomen)

Es ist das rechte Auge, das schmerzt.
(Artikel bzw. Relativpronomen)

35 Drei gleiche Buchstaben

Wenn drei gleiche Buchstaben aufeinandertreffen, kann man zusammenschreiben oder einen Bindestrich setzen. → 28/5

Seeelefant/See-Elefant 1
Schlusssatz/Schluss-Satz
Balletttruppe/Ballett-Truppe

36 *Wieder* oder *wider*?

wieder

Man schreibt *wieder* im Sinne von ‚erneut' und ‚zurück'. 1

- Im Sinne von ‚erneut, nochmals' wird meist getrennt geschrieben.

Ich habe ihn wieder erkannt. 2
Ihm ist der Witz wieder eingefallen.

- Im Sinne von ‚zurück' wird im Zusammenhang mit Verben meist zusammengeschrieben.

Wir müssen das Geld wiedererstatten. 3
Kannst du bald wiederkommen?

4	• Zusammenschreibung gilt auch bei folgenden Verben, wenn sie im übertragenen Sinne gebraucht werden:	
	wiederholen	Das solltest du wiederholen.
	wiedergeben	Der Zeuge wird den Vorgang wiedergeben.
	wiederherstellen	Nach dem Erdbeben ist die Stadt noch nicht wiederhergestellt.
5	• Häufig ist Getrennt- oder Zusammenschreibung möglich. Beachte: → 9/12	Die Stadt wurde wieder aufgebaut/wiederaufgebaut. Sie haben sich bei der Party wiedergesehen. (= es gab ein Wiedersehen) Sie haben sich bei der Party wieder gesehen. (= sie haben sich erneut gesehen)

wider

6	• Man schreibt *wider* im Sinne von ‚gegen' und ‚entgegen'.	Das Verhalten ist wider die Vernunft. Das ist wider unsere Abmachung.
7	• *Wider* schreibt man bei folgenden Verben:	
	widersprechen	Er widerspricht dieser Aussage.
	widerrufen	Er wird seine Aussage widerrufen.
	widerspiegeln	Die Landschaft hat sich an der Wasseroberfläche widergespiegelt.
	widerstehen	Ich kann der Versuchung kaum widerstehen.

37 *ph* oder *f*, *rh* oder *r*, *th* oder *t*, *gh* oder *g*

Mehrere mögliche Schreibungen Bei einigen eingedeutschten Fremdwörtern sind zwei Schreibungen möglich:		
• *ph* oder *f*	Delfin/Delphin Geografie/Geographie	1
• *rh* oder *r*	Myrrhe/Myrre Katarrh/Katarr	2
• *th* oder *t*	Panther/Panter Thunfisch/Tunfisch	3
• *gh* oder *g*	Joghurt/Jogurt Spaghetti/Spagetti	4
Beachte:	Fon (Abk. für *Telefon*, analog zu *Fax*) Phon (Fachbegriff für Lautstärke)	

Nur *ph*, *rh*, *th*, *gh* Bei zahlreichen Fremdwörtern bleibt die ursprüngliche Schreibweise mit *ph*, *rh*, *th* bzw. *gh* erhalten. Im Einzelfall muss im Wörterbuch nachgeschlagen werden.	Strophe Alphabet Mathematik Rhythmus Thron	5

38 Französische Laute

Die französischen Laute *ai*, *é*, *ée*, *ou*, *c*, *ch* und *qu* können als *ä*, *ee*, *u*, *ss*, *sch*, *k* geschrieben werden. Beide Schreibweisen sind möglich.	Portemonnaie/Portmonee Necessaire/Nessessär Kommuniqué/Kommunikee Rommé/Rommee Cousine/Kusine Chicorée/Schikoree	1

Trennregeln am Zeilenende

39 Trennung nach Silben

1	• Am **Zeilenende** trennt man die Wörter entsprechend ihrer **Zerlegung in Silben**.	Schu-le aus-lei-hen
2	• Ein **einzelner Vokal** am Wortanfang oder am Wortende wird **nicht abgetrennt**.	Abend (nicht: A-bend) Ener-gie (nicht: E-ner-gie) Iro-nie (nicht: I-ro-nie) be-freie (nicht: be-frei-e) Taue (nicht: Tau-e)
3	• Bei **mehreren Konsonanten** schreibt man den **letzten in die neue Zeile**.	Am-pel Sil-be Kat-ze Pflan-ze Karp-fen kön-nen Och-se Pros-pekt ge-le-gent-lich
4	**Insbesondere:** Das *st* wird **getrennt**.	Fens-ter läs-tern

40 Trennung bei Zusammensetzungen und Ableitungen

1	• Bei **zusammengesetzten Wörtern** trennt man nach **Bestandteilen** (und nicht nach den Regeln → 39/3 und →39/4).	Haus-tür Schul-bank Wunsch-traum Ball-kleid

• Präfixe (Vorsilben) werden abgetrennt.	Ab-schluss be-ste-hen Be-stand-teil ver-ur-tei-len	2
Beachte: Unterschiedliche Trennregeln	der Bes-te (Trennung von *st*) be-stehen (Trennung nach Vorsilbe *be-*) Best-leistung (Trennung nach Bestandteilen)	

41 Trennung bei nicht mehr bekannten Bestandteilen und Fremdwörtern

Mehrere mögliche Trennweisen Die Trennung nach Silben (→ 39/1) oder nach Bestandteilen (→ 40/1) ist wahlweise möglich		
• bei Fremdwörtern, deren Bestandteile heute nicht mehr als allgemein bekannt vorausgesetzt werden,	In-te-res-se / In-ter-es-se Hek-tar / Hekt-ar He-li-kop-ter / He-li-ko-pter Pä-da-go-ge / Päd-ago-ge Mag-net / Ma-gnet Quad-rat / Qua-drat Zyk-lus / Zy-klus	1
• bei deutschen Wörtern, deren Bestandteile nicht mehr ohne Weiteres erkennbar sind.	wa-rum / war-um hi-naus / hin-aus wo-rauf / wor-auf ei-nan-der / ein-an-der	2

42 Keine Trennung von *ch*, *ck*, *sch*, *ph*, *rh*, *th*

1 Die Buchstabenkombinationen ***ch*, *ck*, *sch*, *ph*, *rh*, *th* werden nicht getrennt**, falls sie **für einen Laut** stehen.

Ku-chen
ba-cken
Rü-cken
wa-schen
Stro-phe
Myr-rhe
Me-tho-de

Glossar

Adjektiv	
= Eigenschaftswort, Wiewort steigerbar, bezeichnet Eigenschaften und Merkmale von Gegenständen, Personen und Sachverhalten: „Wie ist jemand/etwas?“	lang, groß, grün, lieb, neu groß, größer, am größten ein schönes Kleid
Adverb	
= Umstandswort bezeichnet die Umstände eines Geschehens (z. B. den Ort, die Zeit oder die Art und Weise): „Wie/Wo/Wann geschieht etwas?“	oft, demnächst, hier Der Zug fährt schnell.
Akkusativ	
= Wenfall, 4. Fall „Wen oder was?“	Ich verkaufe den Fernseher. Peter liest ein Buch.
Apposition	
= Beifügung substantivische nähere Bestimmung, ist ihrem Bezugswort meist nachgestellt und steht im gleichen Fall; gehört zu den Attributen	Hans, der nette Junge, …
Artikel	
= Geschlechtswort begleitet Substantive oder Substantivierungen	der, die, das einer, eine, ein ein schickes Auto das Walzertanzen

Attribut

= Beifügung
bestimmt ein anderes Satzglied näher; ist ein Teil eines Satzgliedes

der nette Mensch
das Hemd des Mannes
der Junge mit der Kappe
mein Nachbar nebenan
Maria, die schnelle Läuferin, …
(= Apposition)

Begleitsatz

Satz, der bei einer wörtlichen Rede angibt, wer spricht

„Komm bitte!“, sagte sie.

Dativ

= Wemfall, 3. Fall
„Wem?“

Der Vater schenkt dem Kind einen Ball.
Ich glaube ihm.

deklinieren

Substantive, Adjektive und Pronomen beugen, d. h. in ihrer Form verändern

der Tisch, des Tisches, die Tische
der kleine Tisch, des kleinen Tisches
ihr Tisch, ihres Tisches, ihre Tische

Diphthong

= Doppellaut

ai, au, äu, ei, eu

Direkte Rede

= wörtliche Rede

Er sagt: „Ich gehe.“

flektieren

= beugen
Oberbegriff für „deklinieren“ und „konjugieren“

Genitiv

= Wesfall, 2. Fall
„Wessen?“

das Schicksal des Menschen
der Hund meiner Mutter

Gleichrangige Adjektive gleichwertige Adjektive, die nicht voneinander abhängen (Probe: Man kann ein „und“ dazwischensetzen.)	eine schwarzhaarige, schlanke Frau
Hypotaxe Satzbau, bei dem ein Satz einem anderen Satz untergeordnet ist	Wenn du willst, komme ich sofort. Er tut das, damit er besser wird.
Infinitiv Grundform des Verbs	laufen, sein, sollen
konjugieren Verben beugen, d. h. in ihrer Form verändern	gehen, ich gehe, du gehst, er geht
Konjunktion = Bindewort verbindet Wörter, Wortgruppen und Sätze miteinander	und, oder, weil, ob Bruder und Schwester mit dem Bus oder mit dem Fahrrad Tina kann nicht kommen, weil sie krank ist.
Konsonant = Mitlaut	b, c, d, f
Nominativ = Werfall, 1. Fall „Wer oder was?“	Sandra spielt gerade Volleyball. Morgen kommt meine Tante zu Besuch.
Numerale = Zahlwort	zwei, der dritte, viele, nichts
Parataxe Satzbau, bei dem selbstständige Sätze aneinandergereiht werden	Er singt und sie spielt Klavier.

Partikel	
zusammenfassende Bezeichnung für eine Gruppe von Wörtern, die im Unterschied zu Substantiv, Adjektiv, Verb usw. nicht flektierbar sind	Präpositionen: an, auf, bei Konjunktionen: und, weil, aber Adverbien: heute, dort Modalpartikeln: sehr, kaum, halt
Plural	
= Mehrzahl	Kinder, Häuser
Präfix	
= Vorsilbe	Abgang Bedeutung
Präposition	
= Verhältniswort kennzeichnet das Verhältnis, in dem Wörter zueinander stehen	vor, in, an, bei auf dem Tisch neben dem Haus
Pronomen	
= Fürwörter, Stellvertreter stehen anstelle eines Substantivs oder begleiten ein Substantiv	er, sie, es, sein, ihr Tim freut sich. Er hat die Prüfung bestanden. Das ist mein Fahrrad.
Relativpronomen	
= bezügliches Fürwort leitet einen Nebensatz ein, der sich auf ein Substantiv oder Pronomen im übergeordneten Satz bezieht	der, die, das Das Haus, das verkauft werden soll, gehörte ihrem Großvater.
Singular	
= Einzahl	Kind, Haus
Substantiv	
= Nomen, Hauptwort, Namenwort bezeichnet Lebewesen, Gegenstände, Begriffe u. Ä.; wird dekliniert	Kind, Schule, Zeit, Angst

Substantivierung Wörter, die ursprünglich keine Substantive sind, werden als Substantive gebraucht.	das Schwimmen, alles Gute, das gewisse Etwas, das Einzige, im Voraus
Umlaut	ä, ö, ü
Verb = Zeitwort, Tunwort bezeichnet Tätigkeiten, Vorgänge und Zustände; wird konjugiert	essen, gehen, wachsen, sein
Verbpartikel Verbbestandteil, der die Form einer Partikel (Präposition, Adverb) besitzt, aber die Merkmale eines selbstständigen Wortes verloren hat. Die Verbpartikel trägt immer den Hauptakzent.	auseinandersetzen dabeisitzen wiedersehen
Vokal = Selbstlaut	a, e, i, o, u und die Umlaute ä, ö, ü
Wortstamm fester Bestandteil eines Wortes, an den verschiedene Endungen angehängt werden können	Spiel, spielen, Spieler (Wortstamm: *spiel-*)

Liste mit Wörtern, die häufig falsch geschrieben werden

2-jährig
2-mal
2-zeilig, 2-spaltig

(am) Abend
(heute) Abend
abends
Abonnement
abwärtsgehen
achtfach / 8fach / 8-fach
achtgeben / Acht geben
Achtung gebieten
Achtzigerjahre / achtziger Jahre / 80er-Jahre
Adressbuch
Adresse
aggressiv
Albtraum / Alptraum
alleinerziehend / allein erziehend
alleinstehen
(das) Allerbeste
alles andere
alles beim Alten lassen
alles Gute
alles Liebe
alles Mögliche
allgemeingültig / allgemein gültig
allgemein verständlich / allgemeinverständlich
Alphabet
als Einziger
als Erstes
als Nächstes
Alt und Jung
Alter Ego
am Morgen
Angst [und Bange] machen
angst und bange sein/ werden
Annonce
anstelle von / an Stelle von
Apostroph
Apotheke
Artothek
Asphalt
Ass
Asthma
Äther
Athlet
Atmosphäre
auf dem Laufenden
auf Deutsch
auf Du und Du stehen
auf einmal
aufgrund von / auf Grund von
aufrauen
aufs Äußerste / aufs äußerste
aufsehenerregend / Aufsehen erregend
aufs Gleiche hinauslaufen
aufs Neue
außer Acht lassen
außerdem
außerstande / außer Stande
auswendig lernen
auswendig gelernt / auswendiggelernt
Auto fahren

Baden-Württemberg
Balletttänzerin / Ballett-Tänzerin

bankrottgehen
beiseite
(das) Beste
Bestellliste / Bestell-Liste
Beton
bewusst
Bibliothek
binnen kurzem / binnen Kurzem
Biografie / Biographie
bis auf Weiteres / bis auf weiteres
bis ins Kleinste (geregelt)
bis ins Letzte (geregelt)
bismarcksche Gesetze / Bismarck'sche Gesetze
bisschen
bitterkalt
Blackout / Black-out
blass
(der) Blaue Planet (Erde)
bleiben lassen
boolesche Algebra / Bool'sche Algebra
Bouillon

Charakter
Chemie
Chor
Choreografie / Choreographie
Chronik
Comeback / Come-back
Courage

Daten verarbeiten
Daten verarbeitend / datenverarbeitend
Delikatesse
der deutsche Meister
der / die / das Einzelne
derselbe, dieselbe, dasselbe
Dessert
des Weiteren
Diät halten
die deutschen Meisterschaften
die Dritte Welt
(am) Dienstagmorgen
dienstagmorgens
Diskothek
downloaden, downgeloadet
drückend heiß
du hasst (von: hassen)
du hast (von: haben)
durch dick und dünn
durcheinanderbringen
durcheinanderreden
durcheinander sein
Dynamo

ebenso gut
(sein) Eigen nennen
einbläuen
einige Hundert / einige hundert
Einlass
einmal
eisig kalt
E-Mail
emailen / e-mailen (geemailt)
Engagement
engagieren
ernst gemeint / ernstgemeint
Erste Hilfe / erste Hilfe
(das) erste Mal
essenziell / essentiell
etwas Besonderes
etwas Gutes
existenzialistisch / existentialistisch
existenziell / existentiell

Fair Play / Fairplay
Fast Food / Fastfood

Fehde
fertigstellen / fertig stellen
fest angestellt / festangestellt
Fitness
Fluss
föhnen
Frevel
frittieren
froh gelaunt / frohgelaunt
fürs Erste

Gage
Gämse
gang und gäbe (sein)
gar kein
gar nicht
Gefahr laufen
gegen bar
gegeneinander
Gelee
genauso
Genie
(sich) genieren
Geografie / Geographie
gering achten, schätzen / geringachten, geringschätzen
gestern Abend (Mittag, Morgen, Nacht)
getrennt schreiben
Gewand (Kleidung)
gewandt (sein)
Gleich und Gleich (gesellt sich gern)
goethesche Werke / Goethe'sche Werke
Gourmet
Groß und Klein
großschreiben (mit großem Anfangsbuchstaben)
groß schreiben (große Schrift benutzen)
Guss
Gymnastik

haltmachen / Halt machen
Heiliger Vater
heute Abend (Mittag, Morgen, Nacht)
hundert (Menschen)
Hunderte von (Menschen)
hungers sterben
Hygiene
Hymne
Hyperbel
Hypotenuse
Hypothek
Hypothese
hysterisch

im Allgemeinen
im Argen liegen
im Besonderen
im Dunkeln tappen
im Einzelnen
im Folgenden
im Ganzen betrachtet
im Großen und Ganzen
im Grunde
im Guten
im Klaren
immer noch
immerwährend / immer während
immer wieder
im Mindesten
im Nachhinein
im Recht sein
im Voraus
im Vorhinein
im Wesentlichen
in Acht nehmen
in Betracht ziehen

in Betreff
infrage kommen, stellen /
in Frage kommen, stellen
Ingenieur
insofern
ins Reine kommen, schreiben
instand halten, setzen /
in Stand halten, setzen
Interview
irgendein
irgendetwas
irgendjemand
irgend so ein
irgendwer

Jacht / Yacht
Jalousie
jedes Mal
jemandem Angst machen
jemandem feind sein
Joghurt / Jogurt
Journalist
Joystick
Jung und Alt

Kapuze
Karosserie
Kartothek
Karussell
Kassette
Katastrophe
Kathedrale
Kathete
Katholik
kennenlernen / kennen lernen
Ketchup / Ketschup
kleinschreiben (mit kleinem
Anfangsbuchstaben)
klein schreiben (kleine Schrift
benutzen)
Kontra geben
kopfstehen / auf dem Kopf stehen
Krieg führend / kriegführend
kundtun
(den) Kürzeren ziehen
kürzertreten

Labyrinth
Laich (Eier von Wassertieren)
lästig fallen / lästigfallen
leeren
leer essen / leeressen
leer stehend / leerstehend
lehren
Leiche (toter Körper)
leidtun
(das) letzte Mal
Letzte Ölung
Letzteres (gilt)
Lid (am Auge)
lieben lernen
lieb gewinnen, haben /
liebgewinnen, liebhaben
liebkosen
Lied (Gesang)
Livesendung / Live-Sendung
Liveshow / Live-Show
Lovestory
Lyrik

manch einer
manch gute Idee /
manche gute Idee
Masse
maßgebend
maßgeblich
maßhalten / Maß halten
Maß nehmen
Mathematik
Medaille

mehrmals
Mein und Dein verwechseln
Mill. (Abkürzung für *Million*)
Millionen Mal
Mio. (Abkürzung für *Million*)
mithilfe von / mit Hilfe von
mittags
mitunter
Model (Backform, Hohlform)
Model (Fotomodell)
Modell (Muster, Vorbild)
modellieren
montagabends (-morgens, -nachmittags)
morgen Abend (Mittag, Morgen, Nacht)
morgens
Mrd. (Abkürzung für *Milliarde*)
Muss (Verpflichtung)
Muße (Entspannung)
mysteriös
Mythos

nach Hause / nachhause
nachts
nahebringen (Interesse wecken)
nahelegen (empfehlen)
naheliegen (sich anbieten)
nämlich
nicht im Entferntesten
nicht im Geringsten (etwas dagegen haben, stören)
nicht im Mindesten / mindesten
nichts Besonderes
nichts Neues
noch einmal
noch mal / nochmal
nochmals
Not leidend / notleidend
Nuance
nummerieren

oder Ähnliches (Abkürzung o. Ä.)
ohne Weiteres / ohne weiteres
Orchester

Paket
Panther / Panter
Passagier
Philosophie
platzieren
Play-back / Playback
pleitegehen / Pleite machen
pleite sein
Portemonnaie / Portmonee
potenziell / potentiell
Präsens (Gegenwart)
Präsenz (Anwesenheit)
Prestige
Prozess
Pseudonym

Quäntchen

Rad fahren
Rad schlagen
Rat suchend / ratsuchend
rau
raubeinig
Rauhaardackel
recht / Recht behalten, bekommen, geben, haben
recht sein
Restaurant
Rhabarber
Rheinland-Pfalz
Rheuma
Rhizom
Rhombus
Rhythmus

Route
Routine
Rote Karte / rote Karte (Fußball)

schätzen lernen
Schlange stehen
Schluss
Schlusssatz
Schuld haben, geben
schuld sein
Schuss
schwarz auf weiß
schwarz in schwarz
Schwarzes Brett
schwarz-rot-golden / schwarzrotgolden
schwerfallen (Schwierigkeiten bereiten)
(sich) schwertun
Science-Fiction / Sciencefiction
Seele
(ihr) seid
seit Kurzem / kurzem
seit Längerem / seit längerem
selbst gebacken, gemacht / selbstgebacken, selbstgemacht
selbstständig / selbständig
Seligkeit
sensationell
Short Story / Shortstory
sich im Klaren sein
Sintflut
sodass / so dass
sogenannt / so genannt
Sound
Souvenir
sowieso
Spucke
Spuk
Stängel
stattdessen
Stiel
Stil (Art, Weise)
Stop (auf Verkehrsschild)
Stop-and-go-Verkehr
Stopp (Halt/Unterbrechung)
Strophe
Symbol

Theater
Theke
Thema
Theologie
Theorie
Thermometer
These
Thron
Thüringen
Tod (Substantiv)
Toilette
tot (Adjektiv)
Tournee
Triathlon
triftig
Triumph
Trumpf
Tschüs / Tschüss / tschüs / tschüss sagen
Tyrann

über kurz oder lang
übermorgen Abend (Mittag, Nacht)
um ein Beträchtliches mehr
umso mehr, größer, kleiner
um viertel eins, zwei
und Ähnliches (Abkürzung u. Ä.)
ungefähr
unrecht / Unrecht haben, bekommen, geben

unrecht sein
unselbstständig / unselbständig
unter der Hand
unzählige Mal

verloren gehen / verlorengehen
verschiedene Mal
verwandt
Videothek
viel gelesen / vielgelesen
viel zu viel, wenig, groß
(eine) Viertelstunde / viertel Stunde
von fern
von früh auf
von klein auf
von nah und fern
von Neuem / von neuem
vonseiten / von Seiten
von vornherein
von Weitem / von weitem
Voraussetzung
voraussichtlich
vorgestern Abend (Mittag, Morgen, Nacht)
vorliebnehmen

während
(er) wäre
wehtun / weh tun
Werkstatt
widerlegen
widerspiegeln
widersprechen
wiedergeben (vortragen)
wie viel(e)
Württemberg

Yacht / Jacht

Zähheit
(eine) Zeit lang / Zeitlang
zeitsparend / Zeit sparend
Zellophan
Zigarette
zu Ende
zugrunde / zu Grunde gehen, liegen
zugunsten / zu Gunsten
zu Hause / zuhause
zulasten / zu Lasten
zuleide tun / zu Leide tun
zum Besten halten, geben
zum Dritten
zum Ersten
zum ersten Mal
zum letzten Mal
zumute / zu Mute
zunutze machen / zu Nutze machen
zurande kommen / zu Rande kommen
zurate ziehen / zu Rate ziehen
zu Recht (bestehen)
zurechtkommen
zurzeit
zusammen sein
zusammenarbeiten, -fassen
zuschulden kommen lassen / zu Schulden kommen lassen
zustande / zu Stande bringen, kommen
zu viel
Zwanzigerjahre / zwanziger Jahre

(Bitte blättern Sie um)

17-VIT